Je ne reconnaîtrai pour authentiques que les exemplaires qui porteront ma signature, et je poursuivrai les contrefacteurs.

TOUL, IMPRIMERIE DE J. CAREZ.

AVERTISSEMENT.

Il est agréable de suivre les enfants dans tous les instants où ils sont sous la surveillance de leurs maîtres. Leur application à l'étude a des charmes, mais leur vivacité et leur enjouement dans les promenades consacrées à leurs délassements, plaisent aussi: leurs courses, leurs agitations, leurs colloques, leurs moindres mouvements n'échappent point à l'instituteur vigilant et sensible: il saisit chez eux un caractère d'amabilité qui l'engage à redoubler ses soins. Ce petit livre aura donc un double avantage, d'intéresser les maîtres qui reconnaîtront leurs élèves, et de fixer l'attention des enfants qui saisiront des leçons de sagesse, tirées de leurs divertissements mêmes. Instruire en amusant, est la marche à suivre dans les premières années d'une éducation. Tout instituteur qui emploiera ce moyen, recueillera les fruits de ses peines, et aura acquis des droits à l'estime et à la reconnaissance des parents qu'il représente.

(5)

A B C D

E F G H

I J K L

M N O P

Q R S T

U V X Y Z.

A B C D

E F G H

I J K L

M N O P

Q R S T

U V X Y Z.

ALPHABET MORAL

DES

PETITS GARÇONS.

ALPHABET QUADRUPLE.

Lettres majuscules et minuscules, courantes, italiques et manuscrites.

a	𝒜	α	*a*
b	ℬ	*b*	*b*
c	𝒞	*c*	*c*
d	𝒟		*d*

e	*E* E	e	e
f	*F* F	f	f
g	*G* G	g	g
h	*H* H	h	h
i	*I* I	i	i
j	*J* J	j	j

(9)

	K		
k	*K*	*k*	*k*
	L		
l	*L*	*l*	*l*
	M		
m	*M*	*m*	*m*
	N		
n	*N*	*u*	*u*
	O		
o	*O*	*o*	*o*
	P		
p	*P*	*p*	*p*

(10)

	Q		
q	*Q*	q	q

	R		
r	*R*	r	r

	S		
s	*S*	s	s

	T		
t	*T*	t	t

	U		
u	*U*	u	u

	V		
v	*V*	v	v

	X		
x	*X*	*x*	*x*

	Y		
y	*Y*	*y*	*y*

	Z		
z	*Z*	*z*	*z*

Lettres liées ensemble.

æ, œ, fi, ffi,
fl, ffl, ff, fi,
ffi, fl, ffl, w.

a, e, i *ou* y, o, u.

Syllabes.

Ba,	be,	bi,	bo,	bu.
Ca,	ce,	ci,	co,	cu.
Da,	de,	di,	do,	du.
Fa,	fe,	fi,	fo,	fu.
Ga,	ge,	gi,	go,	gu.
Ha,	he,	hi,	ho,	hu.
Ja,	je,	ji,	jo,	ju.
Ka,	ke,	ki,	ko,	ku.
La,	le,	li,	lo,	lu.
Ma,	me,	mi,	mo,	mu.
Na,	ne,	ni,	no,	nu.
Pa,	pe,	pi,	po,	pu.
Qua,	que,	qui,	quo,	qu.
Ra,	re,	ri,	ro,	ru.
Sa,	se,	si,	so,	su.
Ta,	te,	ti,	to,	tu.
Va,	ve,	vi,	vo,	vu.
Xa,	xe,	xi,	xo,	xu.
Za,	ze,	zi,	zo,	zu.

Mots à épeler.

A mi tié.	Né go ci ant.
Bou quet.	Né go ci a ti on.
Bon té.	Ou til.
Con cor de.	Ou ver tu re.
Cor di a li té.	Pâ tis sier.
Dès o bé is san ce.	Pâ tis se rie.
É pi ne.	Qua li té.
É qui pa ge.	Qua li fi ca ti on.
Fi dé li té.	Re li gi on.
Feuil la ge.	Re li û re.
Gril la ge.	Souf flet.
Gri ot te.	Sou ve nir.
Gri ma cier.	Tour té.
His to rien.	Tra cas sier.
His toi re.	U ni on.
Ins truc tif.	U ni ver si té.
Ju meau.	Vais seau.
Jus ti ce.	Ven dan ge.
Le che val.	Zo ne.
La mai son.	Zo o gra phie.

Phrases simples.

Dieu aime les petits enfants.
L'oisiveté est un grand vice.
Le travail est nécessaire.
Aimons les pauvres.
Écoutons les avis de notre maître.
Fuyons la société des méchants.
Le soleil éclaire le monde.
La sagesse divine éclaire notre âme.
Le vice mérite notre haine.
La science est utile.

Phrases composées.

On récompense les enfants qui sont laborieux, et on les propose pour modèles à leurs camarades.

Les pères et mères doivent être aimés, craints et respectés; les affliger, c'est en vouloir à soi-même.

Puisque Dieu aime les hommes, on doit lui plaire en les aimant.

Il faut prier Dieu soir et matin, afin qu'il bénisse nos travaux.

Ne jugeons pas d'une personne à une première vue, comme on ferait d'un tableau ou d'une statue.

Il n'y a rien qui contribue plus à la douceur de la vie que l'amité, et au vrai bonheur qu'une conscience pure.

N'ajoutons point foi aux contes bleus que nous ont faits, dans notre enfance, les nourrices et les domestiques : n'ayons peur ni des sorciers, ni des revenants qui n'existent plus que dans des cerveaux assez faibles pour y croire.

La douceur de la société subsiste par les petits plaisirs qu'on se fait mutuellement ; les négliger, c'est s'exposer à ne point paraître aimable, et par conséquent à n'être point aimé.

De la ponctuation.

On se sert de six marques ou caractères, pour distinguer les différentes parties du discours. Ces marques sont: la virgule (,), le point avec la virgule (;), les deux points (:), le point (.), le point interrogatif (?), et le point admiratif (!).

Il y a encore d'autres caractères qui servent dans la construction des mots et des phrases.

L'apostrophe ('), qui marque le retranchement d'une voyelle.

Le trait d'union (-), qui joint deux mots ensemble.

Le tréma (..), qui sépare la prononciation d'une voyelle d'avec la syllabe précédente, comme Saül, Moïse, héroïque.

La cédille (ç), qui donne au c le son d'un s.

La parenthèse ( ), qui enferme une remarque séparée du discours.

Les guillemets (») se mettent au commencement de la première ligne et à la fin de la dernière d'un discours ou de la citation d'un autre auteur.

Il faut aussi connaître les accents sur les é è ê et sur

<small>accent aigu. accent grave. accent circonflexe.</small>

les autres voyelles à, â, ê, î, ô, û.

Il faut observer qu'on met une lettre majeure au commencement des phrases, des noms propres, à beaucoup de substantifs et au commencement de chaque vers.

Iʳᵉ. LEÇON.

Enfin le beau temps est arrivé, disaient entre eux de jeunes garçons; nous aurons le plaisir de nous promener: nous nous amusons bien ici en récréation, mais il n'y a rien tel que la campagne, les bois, les rivières pour se procurer de l'agrément, outre le bon air que l'on y respire. Il nous faut faire provision de tout ce qui nous est nécessaire pour bien passer nos jours de congés. Moi, dit l'un, je vais faire des filets pour prendre des oiseaux et des poissons; moi, reprit l'autre, je vais fabriquer un cerf-volant de cinq pieds; moi, ajoute un troisième, j'acheterai des balles et un ballon. Enfin tous firent leurs combinaisons suivant leurs idées et leurs petits moyens. Messieurs, leur dit le maître qui les avait entendus, vous formez de beaux projets pour vous divertir, mais vous n'en faites point pour travailler. Eh bien ! je vous réponds que vos promenades dépenderont de ce que vous aurez fait pendant les jours de classe. Si je ne suis pas content de vous, vous resterez à la maison et à l'étude; si au contraire, vous m'avez satisfait, je vous conduirai partout où vous désirerez aller. Ah ! notre cher maître, s'écrièrent-ils tous ensemble, nous travaillerons bien, nous serons sages. — A la bonne heure. Si vous me tenez votre parole, je vous tiendrai la mienne.

IIe. LEÇON.

Les bulles de savon.

Le premier jour de congé on se disposa pour la promenade. On eut soin de changer d'habit, de souliers, de se peigner, de se laver la figure et les mains, et de se couper les ongles. On part. On arrive dans une belle prairie, dont l'herbe avait été fauchée; les uns se mirent à courir, les autres à lancer leurs balles et leurs ballons. Les plus jeunes s'amusèrent à pomper de l'eau de savon avec un tuyau de paille, et à former ces petits globes concaves qui s'élevant dans l'air, offrent à l'œil diverses couleurs agréables, et que l'on appelle bulles de savon. On était dans l'ivresse de la joie;

mais malheureusement il survint une pluie, qui força nos jeunes garçons de se mettre à couvert sous des arbres qui bordaient la prairie. Comme ils avaient le dos tourné au soleil et qu'il pleuvait du côté opposé, ils aperçurent un arc magnifique dans le ciel. Ses couleurs étaient dans la partie supérieure; le violet, l'indigo, le bleu, le vert, le pourpre, l'orange et le rouge. Faites-nous le plaisir, Monsieur, dirent-ils à leur maître, de nous expliquer comment est produit l'arc-en-ciel, et d'où lui vient cette forme magnifique et étonnante ? L'arc-en-ciel, mes amis, répondit le maître, est formé par les rayons du soleil, réfractés par les goutes de pluie ou brouillard qui tombent, et de là réfléchis à l'œil du spectateur. Toutes les couleurs de l'arc-en-ciel peuvent être produites en faisant passer les rayons du soleil à travers un prisme transparent de verre. Oh ! c'est vrai, dit un jeune élève, j'en ai fait l'expérience sur le pont des Arts, où un bon homme, qui a plusieurs prismes, invite les passants à regarder à travers.

IIIe. LEÇON.

Chasse aux Oiseaux.

Les filets étant disposés, on se rendit, un jour de congé, près d'un bois pour y tendre des piéges aux oiseaux. De la glu avait été appliquée en divers endroits. Nos oiseleurs étaient placés en embuscade, observant bien le moment où leur proie devait tomber dans les piéges. Ils ne furent pas sans témoigner beaucoup d'impatience, parce qu'il y avait des turbulents qui se plaisaient à effaroucher les oiseaux. Mais le maître les força de s'asseoir, et de se tenir tranquilles ; leur observant bien que, traverser ainsi les plaisirs de ses camarades, c'était la marque d'un mauvais cœur. Un grand nombre d'oiseaux furent pris; mais on résolut de lâcher ceux que l'on soupçonnait être des pères ou des mères, parce qu'on les avait vus descendre des arbres où l'on entrevoyait des nids, et que l'on entendait les cris des petits qui demandaient à manger. Cette compassion est dans l'âme d'un enfant bien né. Parmi les oiseaux que l'on conserva, on en remarqua un d'une couleur brune et rougeâtre, et qui ressemblait au chardonneret, et pour les formes et pour la grosseur. Les jeunes élèves demandèrent à leur maître quel était cet oiseau ? C'est un rossignol, leur répondit-il; c'est celui de tous les oiseaux qui chante le mieux; ses notes sont plus douces, plus mélodieuses et plus variées que celles d'aucun autre; et ce qu'il y a de remarquable, c'est qu'il ne commence, ou du moins ne continue de chanter, qu'après que tous les autres ont cessé, comme s'il avait la connaissance que sa musique mérite une attention plus particulière: mais la beauté de son plumage ne répond pas à la mélodie de son chant. L'élève à qui appartenait l'oiseau fut si content, qu'il le baisa plusieurs fois, le mit dans son sein, se promettant bien d'en avoir le plus grand soin.

IVe. LEÇON.

Les Papillons.

Nos jeunes élèves se procurèrent un nouveau plaisir dans la promenade suivante, celui d'attraper des papillons. Ils avaient apporté avec eux des gazes attachées à de légères baguettes, et le plus grand nombre se servaient de leurs mouchoirs. Ils eurent beaucoup à courir de côté et d'autre, parce que les papillons s'arrêtent rarement pour prendre leur nourriture. La vibration de leurs ailes les tient continuellement suspendus et en mouvement, tandis que leur langue ou leur trompe s'enfonce dans l'intérieur des fleurs, et en exprime le suc. Cependant ils en attrapèrent un grand nombre, remarquables par l'étendue de leurs ailes, la variété et l'éclat des couleurs qui les embellissent. Le maître, tout en faisant admirer à ses élèves l'ordre de la Providence, qui a vêtu si richement de vils insectes, tandis que l'homme naît nu, et est obligé d'avoir recours à des ornements étrangers pour valoir quelque chose, leur dit de faire passer une épingle entre les premières ailes du papillon, de prendre d'une main l'épingle par la tête, et de l'autre pincer le corselet de l'insecte, afin de le faire mourir sur le champ; ensuite de l'attacher sur un bouchon ou dans le fond d'une boîte. Il ajouta, qu'il était à propos de leur déployer les ailes, et de les tenir dans le même état, en les fixant par le moyen de deux petites bandes de papier pendant un jour ou deux.

Les jeunes élèves remercièrent leur maître de sa complaisance; et, en suivant ses avis, ils eurent bientôt une collection de papillons, qui prouva leur intelligence, et fit plaisir aux curieux.

V^e. LEÇON.

La pêche.

Les maîtres, quelque vigilants qu'ils soient, ne peuvent pas tout prévoir. Pendant que celui de nos jeunes gens était occupé à lire avec attention, en se promenant, ils s'avisèrent de monter sur un bateau, et de se procurer le plaisir de la pêche, sans penser au danger auquel ils s'exposaient. Les uns avaient des lignes, les autres se servaient de filets qu'ils avaient apportés en cachette. Ils avaient déjà pris quelques petits poissons qu'ils tenaient dans un chapeau, après l'avoir rempli d'eau, lorsqu'un jeune enfant, ayant voulu trop alonger le bras pour suivre le courant de l'eau qui entraînait l'hameçon de sa ligne, et s'étant penché, tomba dans la rivière. Tous les autres crièrent au secours. Le maître accourut proptement; se jeta à la nage, et ramena sain et sauf le petit imprudent. Ensuite il lui fit une forte réprimande, en lui peignant le malheur auquel il avait échappé; et il les assura tous qu'il ne les mènerait plus promener du côté des rivières. Ils eurent beau répondre que la faute d'un d'entre eux, ne devait pas priver les autres d'un amusement qui faisait leur plaisir; le maître ajouta que ce qui était arrivé une fois, pouvait arriver une seconde fois, et que le danger de l'un devait le mettre en garde contre l'inexpérience des autres; qu'au surplus ils avaient d'autres moyens de s'amuser sans inconvénient; et il finit par dire avec fermeté, que telle était sa volonté.

Comme les jeunes élèves n'étaient point indociles, ils firent des excuses à leur maître de leurs objections, et ils lui promirent de faire dans la suite tout ce qu'il leur commanderait.

VIe. LEÇON.

L'Herbier.

Le danger qu'avait couru un de leurs camarades dans la dernière promenade, avait rendu nos jeunes garçons plus circonspects. Il semblait qu'ils avaient renoncé à tout divertissement tumultueux; car à peine furent-ils arrivés auprès d'un bois qui était à une lieue de la ville, qu'ils s'assirent, et se mirent à causer tranquillement de différents objets qui avaient rapport à leur âge et à leur position. Mais ayant aperçu un naturaliste qui cueillait des plantes, ils s'approchèrent de lui, et se mirent à l'examiner. C'était un vieillard vénérable qui faisait consister tout son bonheur à chercher des simples pour en étudier la vertu, et procurer des secours aux pauvres malades. Son air de bonté enhardit les jeunes gens à lier conversation avec lui. Il se fit un plaisir de répondre à toutes leurs questions, et d'en provoquer d'autres, pour les mettre à même d'apprendre ce qu'ils ne connaissaient pas. Il finit par leur offrir différentes plantes, qu'ils acceptèrent avec autant de politesse que de joie.

Mais c'était peu pour eux d'avoir ces plantes, s'ils ignoraient les moyens de les conserver. Ils prièrent donc le naturaliste d'avoir la complaisance de leur apprendre comment il fallait s'y prendre pour faire un petit herbier.

« Mes amis, leur dit cet homme respectable, pour conserver et rendre les tiges des plantes, leurs feuilles lisses et unies, il faut les mettre entre des feuilles de papier, sous des poids qui les pressent fortement, et les exposer ainsi à un air naturel et sec, avec l'attention de déployer et d'étaler bien soigneusement les feuilles et les fleurs; car c'est de là que dépend essentiellement la beauté et le mérite de l'échantillon.

« Observez bien que les plantes doivent être ramassées dans un jour sec, dans toute leur beauté, et lorsqu'elles sont en pleine fleur.

« Quand elles sont parfaitement desséchées, on peut les garder détachées entre les feuilles de papier, ou les joindre aux feuilles d'un livre avec une colle faite de talc dissous dans l'eau bouillante: il faut les préserver de l'humidité; et pour les garantir des insectes, il est à propos que le papier, ainsi que les tiges, soient arrosés de la solution du sublimé corrosif, mêlé avec du sel ammoniac cru, dissous dans l'eau. Une once de ce sel peut dissoudre vingt scrupules de sublimé.

« Les plus belles collections ont été détruites par les petits insectes, et on ne peut prendre trop de précautions pour en garantir les cabinets. »

Les jeunes élèves avaient fait la plus grande attention à tout ce que leur avait dit le naturaliste; et quand il eut cessé de parler, leur maître se joignit à eux pour le remercier, et il le salua, en l'assurant qu'il veillerait à ce que toutes les règles qu'il venait de prescrire pour faire un herbier, fussent suivies ponctuellement.

VIIe LEÇON.

La lecture.

C'ÉTAIT un beau jour d'été; nos jeunes garçons ayant demandé à se promener un peu loin, on fit près de deux lieues. Pour se reposer, on choisit un endroit où quatre gros ormes, qui entrelaçaient leurs branches, formaient un ombrage épais. Plusieurs cultivateurs y étaient assis. Ils furent priés de ne point se déranger. On était en face d'un joli paysage qui flattait agréablement la vue. Des chaumières surmontées d'une vaste maison qui annonçait l'opulence par ses dehors, firent naître diverses réflexions. « Je ne sais, dit le plus grand des jeunes garçons, comment, lorsqu'on est riche, on peut se tenir à la campagne. Quelle ingratitude d'abandonner Paris pour tout autre séjour ! Ses sociétés, ses promenades, ses spectacles, nous procurent à tout instant de nouveaux plaisirs. — Sachez, mes amis, reprit le maître, que l'existence n'est pas moins agréable à la campagne. Tout y respire, tout y a une âme dans la retraite la plus écartée; on n'est jamais seul. Une famille d'oiseaux nous rappelle nos familles. Une république d'insectes nous retrace nos nations et leur industrie, leurs rapports et leurs querelles. Le cours d'un ruisseau, les flots d'épis ondoyants, tout nous ramène au sentiment de l'existence. Ajoutez encore qu'on y goûte le plaisir de répandre des bienfaits dans les chaumières, où reposent sur la paille les bras qui se fatiguent à cultiver la terre pour nous procurer du pain. — Ce que dit notre maître est bien vrai, s'écria un jeune élève, car j'ai dans ce livre une histoire qui prouve combien il est agréable d'habiter la campagne et d'y faire des heureux. « Lis-nous cette histoire, Jules, dirent tous les autres élèves, nous allons t'écouter. » Le petit Jules commença ainsi :

« Sainville, après avoir exercé long-temps une place de magistrature, s'était retiré à la campagne. Les biens dont il jouissait le mettaient à même de répandre des bienfaits. Tous les jours de dimanche il réunissait à sa table une douzaine de cultivateurs. On s'y entretenait des succès obtenus par l'agriculture, des propriétés utiles découvertes dans les plantes, des recettes salutaires pour les bestiaux et la santé de l'homme; on finissait par ériger un tribunal amical où l'on réglait les contestations pécuniaires, où l'on apaisait les disputes, où l'on terminait les procès. Les animosités de la semaine cessaient, les inimitiés personnelles s'éteignaient, et la paix rentrait dans les familles.

» Il avait aussi institué un prix de vertu qui se donnait tous les ans à la jeune fille qui s'était fait remarquer parmi ses compagnes par sa sagesse et son amour pour le travail.

« Si la jeunesse l'intéressait, la

vieillesse n'était pas moins l'objet de ses soins. Il forma pour eux un hospice dans son village. Il y a des malheureux partout, disait-il, par conséquent partout l'humanité doit s'empresser à les soulager, et les vieillards sont les premiers malheureux. La faiblesse de leurs membres ne leur permettant pas de subvenir à leurs besoins, ils ont droit aux premiers mouvements de notre sensibilité.

« Aucune occasion de bienfaisance n'échappait à ce véritable ami des cultivateurs. Son œil vigilant épiait tous les moments de leur être utile. Lorsque les jeunes gens de son village partaient pour les armées, il se plaisait à calmer les inquiétudes de leurs parents, et il encourageait, par des récompenses, les cultivateurs les plus robustes à les aider dans les temps du labour et de la récolte. Ces bonnes gens, en voyant leurs semences germer dans les champs, et leur gerbes s'entasser dans leurs greniers, bénissaient la main généreuse qui était venue à leur secours, et ne désiraient voir leurs enfants dans leurs foyers que lorsqu'ils auraient entièrement terrassé les ennemis du prince et de la patrie, et obtenu par leurs victoires une paix aussi honorable que solide. »

A ces mots qui terminaient la lecture, les cultivateurs ne purent retenir leurs larmes. Les jeunes garçons leur ayant demandé pourquoi ils pleuraient : « Hélas ! s'écrièrent-ils, c'est notre bon seigneur lui-même que le ciel nous a enlevé il y a peu de temps. Nous avons perdu un vrai père. » Les jeunes élèves, touchés des larmes de reconnaissance de ces bonnes gens, pleurèrent aussi, et ils dirent, en s'en retournant: « Heureux les sages ! et les sages aiment les campagnes, ainsi que ceux qui les habitent et qui les fertilisent. »

VIIIe. LEÇON.

Les Moissons.

Les travaux de la campagne faisaient plus de plaisir à nos jeunes garçons, que tous les divertissements qu'ils avaient projetés. Les moissons fixèrent leur attention. Ils aimaient à voir les nombreux habitants des villages se répandre dans les campagnes ; la jeunesse rustique, pleine de force et de santé, s'embarrassait peu d'être brunie par le soleil. L'âge le plus avancé fournissait aussi sa tâche. La main même des enfants traînait le long râteau. Surchargés du poids, ils tombaient et se roulaient sous le fardeau bienfaisant. Le grain se répandait et s'éparpillait tout autour. Les moissonneurs étendaient la récolte qui exhalait une odeur fraîche et champêtre; ils formaient les gerbes, et la meule s'élevait épaisse et bien rangée. De vallon en vallon les voix réunies d'un travail heureux retentissaient: « Eh bien! mes amis, leur dit le maître; vous voyez avec quelle joie ces cultivateurs ramassent leur récolte. Vous ramasserez aussi la vôtre; mais serez-vous aussi satisfaits qu'eux? —Ah! nous aurons tous des prix, dirent les jeunes élèves. — *Il y a prix et prix*, reprit le maître; et pour vous faire comprendre ce que je dis, je vais vous rapporter un trait bien frappant.....

— Un seigneur de village avait son fils pensionnaire dans le même collége où le fils de son fermier était boursier. A la fin de l'année, son fils eut un prix de mémoire, tandis que le fils du fermier eut un prix de mathématiques. Dans leurs vacances, il les fit trouver tous deux à un grand dîner, auquel il avait invité une compagnie nombreuse. A la fin du repas, il dit au fils de son fermier: « Comme vous avez remporté un prix qui est la récolte des efforts du génie, voici une récompense; » et il lui donna une cinquantaine de volumes bien choisis et quelques pièces de 20 fr. Ensuite, ayant versé du vin dans un grand verre, il y trempa un biscuit, et le présentant à son fils, il lui dit: « Voici la récompense du perroquet. » A ce récit quelques élèves rirent, d'autres rougirent; mais tous firent entendre au maître qu'avec un prix de mémoire, ils désiraient en avoir un second plus honorable.

IXᵉ LEÇON.

Les Fruits.

Un riche propriétaire était sur la porte de sa maison, placée à l'entrée d'un village; et voyant que les jeunes élèves examinaient son jardin à travers les grilles, il les pria d'entrer, ce qu'ils acceptèrent avec la permission de leur maître, qui leur recommanda expressément de ne toucher à rien. Ils ne cessèrent de pousser des cris d'étonnement et de joie en marchant au long des espaliers, et voyant les murs parés des plus riantes couleurs. Ils admiraient le duvet de la pêche, le pavie rouge et odoriférant, et la figue pleine de suc, et cachée sous son ample feuillage. Ils ne pouvaient se lasser de contempler la vigne qui étendait ses branches entrelacées, où pendaient des grappes brillantes au soleil du midi.

Le propriétaire leur présenta différents fruits qu'ils furent obligés d'accepter, tant il mit d'honnêteté dans ses offres, et tant il redoubla ses instances !

Lorsqu'ils furent sortis du jardin, le maître leur fit remarquer sur les chemins des vergers chargés de fruits; des poires fondantes dispersées avec profusion, des tas de pommes répandus çà et là; et il leur rappela que la nature était un livre continuellement ouvert, qui apprenait à l'homme à connaître son auteur, et à le remercier des biens dont il ne cesse de le combler dans toutes les saisons.

X.e LEÇON.

Les Vendanges.

Le grand jour est arrivé, c'est celui des vendanges; quoiqu'en vacances, on se lève de grand matin, on se rend chez le vigneron. Une jeunesse bruyante se rassemble, nos jeunes garçons se joignent à elle. On marche au son du tambour. On aperçoit les branches chargées des vignes qui plient sous le poids; les grappes pleines, vives et transparentes, paraissent sous le feuillage épais. Les jeunes filles, les jeunes garçons se présentent pour cueillir les prémices de l'automne. Le vigneron les reçoit, les anime. Déjà les flots de vin et d'écume coulent, le marc écrasé en est couvert. Bientôt la liqueur fermente, se raffine par degrés, et remplit de joie la coupe des vendangeurs. « Mes amis, leur dit le maître, c'est de cette manière que se fait le Bourgogne délicieux, et le joyeux Champagne, vif comme l'esprit qu'il donne. — Que ces vins soient délicieux, joyeux, répondirent les jeunes élèves, pour nous, nous trouvons celui-ci bien bon, bien sucré. « Ils burent suffisamment pour se donner une pointe de gaieté, et non pour s'incommoder, parce que leur maître, qu'ils aimaient et respectaient, les contenait d'un seul coup d'œil : mais ce qu'il y a de certain, c'est que sur le chemin de la ville, leurs petits caquets amusaient tous les passants.

XI.e LEÇON.

Le Cerf-Volant.

Le cerf-volant de cinq pieds était construit et orné. Il fallut aller l'enlever. Un des jeunes garçons le portait sur son dos; un autre tenait le peloton de ficelle, et le reste de la troupe suivait en sautillant. On arrive dans un vaste champ. Déjà la ficelle est attachée au cerf-volant; il est présenté, il part, il s'élève majestueusement, il plane dans les airs, on avait beaucoup de plaisir à le contempler; mais les plus grandes joies sont souvent traversées. La discorde se met dans la petite troupe. On crie *à la gouille.* Un étourdi prend une pierre, la lance dans les airs; elle attrape la ficelle et la coupe de son tranchant. Le cerf-volant n'ayant plus de soutien, tournoie, et tombe dans un parc voisin. Le maître y conduit les élèves, et, avec la permission de la dame du château, ils entrent, ils relèvent le cerf-volant qui était tout déchiré. La dame voyant l'honnêteté des jeunes garçons, leur fit donner tout ce qui était nécessaire pour le raccommoder ; et, pendant qu'il s'échait au soleil, elle ordonna qu'on leur servît du bon lait qu'ils avaient paru désirer, parce qu'ils avaient remarqué de belles vaches qui paissaient dans une des avenues du parc. En sortant ils louaient les bontés de la dame. Le maître leur dit: « Vous voyez, mes amis, comme les personnes bien nées sont prévenantes. Quand on est accoutumé de bonne heure à faire le bien, on en contracte une douce habitude, qui est la plus aimable jouissance d'un bon cœur. »

XIIe. LEÇON.

Les petits Soldats.

Nos jeunes garçons avaient vu faire l'exercice à plusieurs régiments; ils voulurent les imiter, ce fut tout le plaisir d'une promenade. De petits fusils et des sabres de bois furent bientôt fabriqués. Le commandant et les officiers étant nommés, on forme le bataillon. On commence les évolutions, on fait des marches et contremarches; on attaque, on se bat, on est vainqueur ou vaincu; tout se passe dans le meilleur ordre possible.

Des vieillards, qui s'amusaient à jouer à la boule non loin de nos guerriers, suspendent leur divertissement pour les admirer. « Les enfants d'aujourd'hui, dit l'un d'eux, me font trembler, en les voyant braver l'intempérie de l'air et des saisons, se rouler sur le sable, lancer une pierre avec force, grimper avec adresse sur des arbres. — La nature et l'éducation en feront des hommes, dit un autre. Comme ils sont alertes ! quelle force, quelle vigueur dans leurs petits bras ! quelle agilité, quelle souplesse dans leurs membres ! Leurs jeux, leurs cris ne sont plus les mêmes qu'autrefois. Une plus grande hardiesse dans leurs regards, une assurance plus marquée dans leurs caquets; ils semblent dire à tous ceux qui les voient: *Nous sommes de petits soldats, nous deviendrons des héros.*

XIIIᵉ. LEÇON.

Le Colin-maillard.

Il y a long-temps, dit un jeune élève, que nous n'avons joué à Colin-maillard. — Eh bien ! jouons-y aujourd'hui, dit un autre. — Oui, oui, c'est fait, dit un troisième. — Nous en sommes tous. — Convenons d'abord qu'on ne sortira pas de cette enceinte formée par ces arbres qui l'entourent. — A présent, tirons au doigt mouillé à qui sera le Colin-maillard. — C'est Théophile. — Un mouchoir. — En voici un bien propre. — Bandons-lui les yeux. — Ne serrez pas si fort. — Oh ! mon ami, il faut que tu n'y voies pas plus qu'une taupe. — Surtout point de tricherie. — Nos petits gaillards se mettent à gambader, à tourner, à se croiser, à tirer le Colin-maillard par le pendant de l'habit, par le bras, et à lui donner quelques chiquenaudes sur le nez. — Ce n'est pas de jeu, s'écrie celui-ci; celui qui m'a donné des chiquenaudes doit être Colin-maillard. — C'est juste, disent tous les autres... On lui attache donc le mouchoir malgré lui, et on s'entend pour le laisser long-temps ne saisir que l'ombre.

Le signal du départ mit fin au jeu; et le maître dit à ses élèves: « N'est-il pas vrai, mes amis, qu'il n'est pas agréable d'être Colin-maillard ? — Oh ! non sûrement, notre cher maître. — Eh bien ! sachez qu'un enfant paresseux court risque d'être Colin-maillard toute sa vie. Le bandeau de l'ignorance étant sur les yeux de son esprit, il aura beau courir après les objets d'intruction, il ne saisira rien, et il finira par être méprisé de tous ceux qui le connaîtront. » Ils répondirent tous qu'ils ne voulaient être Colins-maillards qu'au jeu d'écolier.

XIVe. LEÇON.

L'Hiver.

Que l'hiver est triste ! disaient nos jeunes garçons, en se promenant avec leur maître. « Il l'est encore plus, répondit celui-ci, pour ces peuples qui habitent la zone glaciale. Figurez-vous, mes amis, le Russe arrêté dans des prisons sans bornes par la main de la nature. Rien ne s'offre à ses yeux que des déserts ensevelis dans la neige, des bois qui en sont chargés, des fleuves

engourdis qui présentent des monceaux difformes à travers la solitude, jusqu'à la mer glaciale. Cependant ces peuples sont heureux sous leurs forêts brillantes et ornées de jais. Ils sont vêtus de belles hermines blanches comme la neige, ou de martres du noir le plus luisant, et de mille autres belles fourrures mélangées de plusieurs couleurs, orgueil somptueux des cours.
— Ces peuples, dit un jeune garçon, ne sont pas tant à plaindre; d'ailleurs ils sont faits à leur climat. — Il en est d'autres, reprit le maître, qu'on peut regarder comme les plus malheureux des hommes. Ce sont ceux qui habitent près de ces bords où le sauvage. Oby roule à peine ses flots glacés Cette race brute, retirée dans des caveaux profonds, à l'abri de la saison terrible, prend une triste nourriture près des feux languissants, et som-

meille entourée de fourrures. Ces êtres infortunés ne connaissent ni la tendresse, ni les chants, ni le badinage, ni la gaieté, rien enfin, si ce n'est des ours qui errent au-dehors, jusqu'à ce qu'enfin un jour ressemblant à l'aurore, verse un long crépuscule sur leurs champs, et appelle à la chasse les sauvages armés de leurs arcs. — Je les plains de tout mon cœur, s'écrie ici le petit Jules, mais je n'aime pas les sauvages. — Pourquoi, dit le maître ? — Parce que j'ai lu que ces peuples ne connaissent que ce qui frappent les sens; que sans lois, sans police, ils n'ont aucune habitation fixe, et qu'ils ne s'adonnent qu'à la guerre et à la chasse. — Vous avez raison; aussi, mes amis, profitez du bonheur que vous avez d'être nés chez des peuples civilisés, dans des climats tempérés, pour vous instruire, et pour être toute votre vie doux et honnêtes envers vos semblables. »

XVe. LEÇON.

La Coupe des Bois.

La rigueur de la saison commençait à ralentir les promenades de nos jeunes garçons. S'ils traversaient des plaines, la nature dépouillée leur offrait un triste spectacle. S'ils allaient dans les bois, ils entendaient les arbres tomber avec fracas sous la hache des bûcherons. Quelquefois ils approchaient, lorsqu'il n'y avait point de danger, de ces robustes ouvriers. Ils en apprenaient que le chêne est le plus grand, le plus majestueux de tous les arbres de l'Europe ; qu'il est long à pousser, mais qu'il vit long-temps; qu'il est bon à tout; qu'employé dans l'eau on n'en voit pas la fin; qu'en planche et en charpente il est très solide et fort durable; qu'enfin c'est le meilleur bois. C'est ainsi qu'ils apportaient toujours de leurs promenades quelque découverte utile, et leur maître avait soin de leur répéter qu'un enfant pourvu d'intelligence devait saisir toutes les occasions de s'instruire.

XVIe. LEÇON.

Le roi de Neige

La terre était couverte de neige. Les jeunes garçons, malgré la rigueur du froid, demandèrent à aller promener. Après avoir bien marché, il fallut s'arrêter. Que faire ? La bataille à boules de neige, s'écrie l'un d'eux. — Non pas, dit le maître, vous pourriez vous faire du mal, et vous abîmeriez vos habits. — Eh bien ! dit un autre, faisons un roi de neige... On se met à l'œuvre.... On roule de gros pelotons de neige, on les entasse, on élève un colosse, on forme ses membres, on couvre ses épaules d'un manteau royal, on lui met un sceptre dans la main, et une couronne sur la tête. Chacun contemple son ouvrage avec joie. « Eh bien ! mes amis, leur dit le maître, qu'avez-vous fait là ? Votre représentation. Aux moindres rayons du soleil ce roi fondra; il en sera de même de celui d'entre vous qui est le premier de sa classe, ou ce que l'on appelle empereur. Si un de ses camarades vient à le débusquer dans la prochaine composition, il fondra aux rayons du génie, et il aura été roi de neige. » Les jeunes garçons se mirent à rire, et commencèrent dès ce moment à appeler roi de neige celui d'entre eux qui était le premier, espérant bien le détrôner par l'ardeur de leur travail.

XVIIe· LEÇON.

La Pie.

On se mit dans la tête d'attraper une pie, parce que son plumage plaisait pour le moment. Filets sont tendus. L'oiseau tombe dans le piége; on revient à la maison tout joyeux. On se propose de la bien nourrir; on se cotise pour lui acheter une cage d'osier. Tout va bien jusque là. Mais la pie apprit à parler; et comme elle avait de la mémoire, elle retenait tout les mots de réprimande du maître. Quand il appelait ses élèves *paresseux*, elle répétait *paresseux*, et très souvent lorsqu'il ne parlait pas. « Oh! oh! dirent les jeunes garçons, voilà qui est plaisant, nous entendre appeler continuellement paresseux ! Notre maître en a le droit, mais une pie!..... — Il faut, dit l'un d'eux, lui tordre le cou. — Non, dit l'autre, il vaut mieux la renvoyer d'où elle est venue. » Le plus grand nombre fut de cet avis. On ouvre la cage, et la pie prend la volée. Le maître instruit de cet évènement, dit à ses élèves : « Voyez, mes amis, combien la science est utile. Si cette pie n'avait pas appris en si peu de temps à répéter ce que je disais, elle n'aurait pas sa liberté. Ainsi apprenez bien ce que je vous enseigne, et l'on vous ouvrira les portes de l'école qui vous retiennent, peut-être malgré vous. » Ils profitèrent de l'avis, et se mirent à étudier pour ne plus être appelés paresseux.

XVIIIe. LEÇON.

L'Enfant méchant puni.

De tous les jeunes garçons, il n'y avait qu'un nommé Ariste qui annonçât un méchant caractère. Il se plaisait à troubler les plaisirs de ses camarades. C'était lui qui avait effarouché les oiseaux, qui avait crié *à la gouille* après le cerf-volant, qui avait donné des chiquenaudes sur le nez au Colin-maillard, qui avait opiné pour tordre le cou à la pie; et tout récemment encore, ses camarades étaient à jouer aux osselets sur les tables, parce que le mauvais temps avait empêché la promenade, il leur jetait des livres sur les doigts pour tout brouiller. Le maître, révolté de cette conduite, lui dit : « Mon ami, c'en est trop; je vous ai pardonné jusqu'à présent, parce que je croyais que vous profiteriez de mes avis pour vous corriger; mais puisque vous êtes toujours le même, je vais vous punir. Prenez une plume, de l'encre et du papier, mettez un genou en terre, et écrivez sur l'autre la conjugaison active et passive du verbe *Punir*. Vous ne vous releverez pas que vous n'ayez fait votre tâche. » Les camarades du petit méchant voulurent demander sa grâce, mais le maître leur répondit qu'il fallait qu'un enfant méchant fût puni.

XIXe. LEÇON.

Un beau soleil d'hiver invita à la promenade. On dîna de bonne heure, et on donna à chacun un morceau de pain pour son goûter, en cas qu'ils eussent faim avant leur retour. Un nommé Théophile, enfant très doux, rencontra un pauvre dans la rue, et lui donna son pain. Au bout de quatre heures, se trouvant avoir appétit, il fut fort embarrassé, car sa faim augmentait encore en voyant manger les autres. Survint un Auvergnat qui portait une loterie de petits croquets.

Chacun se met à tirer pour un sol. Théophile tire aussi à son tour ; il amène le gros lot. Cent croquets pour un sol ! Il eût bien tout mangé, pour contenter son appétit, s'il eût été possible; mais voyant que ses camarades avaient perdu, quoiqu'ils eussent tiré plusieurs coups, et qu'ils désiraient des petits croquets, il partagea avec eux, et eux de leur côté lui donnèrent du pain. Le maître, qui avait vu tout ce petit commerce, ne put s'empêcher de verser des larmes, et s'approchant de Théophile, il lui dit: « Vous voyez, mon ami, comme vous vous êtes rendu agréable à Dieu en donnant votre goûter à un pauvre; il a permis que vous ayez été dédommagé amplement du sacrifice que vous avez fait. Un enfant bon est toujours récompensé. »

XXᵉ. LEÇON.

La marchande de gâteaux de Nanterre.

Ah! voici la marchande de gâteaux de Nanterre! s'écrièrent nos petits espiègles, du plus loin qu'ils l'aperçurent. — Bonjour, la mère. — Bonjour, mes enfants. — J'ai vu votre portrait dans la rue Saint-Denis, dit l'un. — Et moi au Muséum, dit l'autre; c'est bien vous-même. — Je ne sais pourquoi on s'est avisé de peindre une vilaine figure comme la mienne. — La mère, on est toujours belle quand on est bonne et surtout quand on vend de bons gâteaux. — Cependant j'ai une grande obligation au peintre qui m'a joué ce vilain tour; car depuis ce temps là, je ne puis suffire à fournir des gâteaux aux enfants: il semble que je sois la mère à tous. — Tant mieux, la mère; nous allons aussi nous bien régaler. — Choisissez. —Vos gâteaux sont plus beaux que ceux des autres marchandes. — Oh! c'est qu'ils sont destinés pour des petits messieurs comme vous, ou pour ceux qui, ayant vu mes gâteaux en peinture, pensent qu'ils doivent être tels dans mon panier, et il m'en coûte du bon beurre pour qu'ils aient le coloris que le peintre leur a donné; et encore faut-il veiller à la cuisson. — C'est un habile peintre, la mère. — Oh! il aurait été aussi bon pâtissier. — Manier la pâte ou le pinceau, c'est une chose bien différente, la mère. — On m'a cependant dit qu'il y avait des peintres qui faisaient des croûtes. — Voici un peu de malice, la mère. — J'ai vécu jusqu'à présent sans malice, et je ne veux point commencer à mon âge; vous autres écoliers vous en avez pour tout le monde entier. — Tenez, payez-vous, la mère. —Voici le reste de votre pièce. — Mais vous me rendez trop. — Je fais toujours une remise aux petits écoliers, parce que je pense qu'il y en a parmi eux qui deviendront peintres ; et comme je n'ai pas pu témoigner ma reconnaissance à celui qui a fait mon portrait, parce qu'il n'a rien voulu recevoir, je la lui témoigne dans ceux qui peut-être seront ses élèves: quand on a des obligations aux pères, il faut faire du bien aux enfants. — Adieu, la mère. — « Vous venez de l'entendre, mes amis, dit alors le maître, comme cette brave femme s'exprime avec bon sens, malgré sa naïveté champêtre. La reconnaissance et dans la nature. Voilà une bonne leçon dont vous profiterez, je l'espère. — Oui, notre cher maître.

L'AMOUR DE DIEU

ET

DE SES PARENTS.

Hélène et Théophile étaient tendrement chéris de leurs parents, et les aimaient avec la même tendresse.

Depuis quelques jours ils avaient pris l'habitude de courir au fond du jardin après leur déjeûner, et de n'en revenir qu'au bout d'un quart-d'heure pour se mettre à leur travail.

Cette conduite fit naître la curiosité de M. Florigni, leur père. Ses deux enfants, jusqu'alors, avaient été fort studieux; et il avait su leur rendre le travail si agréable, qu'ils laissaient souvent leur déjeûner à moitié, pour courir plus vite à leurs leçons.

Que devons-nous penser de ce changement? dit-il à son épouse. Si nos enfants prennent une fois le goût de l'oisiveté, nous leur verrons bientôt perdre les heureuses dispositions qu'ils avaient montrées: nous perdrons nous-mêmes nos plus chères espérances, et le plaisir que nous avions à les aimer.

Madame Florigni ne put lui répondre que par un soupir.

Le même jour elle dit à ses enfants: Qu'allez-vous donc faire de si bonne heure dans le jardin ? Vous pourriez bien attendre que votre travail fût fini pour vous livrer à vos récréations.

Hélène et Théophile gardèrent le silence, et embrassèrent plus tendrement que jamais leur maman.

Le lendemain au matin, lorsqu'ils crurent n'être vus de personne, ils s'acheminèrent doucement vers le berceau de chèvrefeuille qui était au bout de la grande allée.

Madame Florigni attendait ce moment, et les suivit sans être aperçue, à la faveur d'une charmille épaisse, le long de laquelle elle se glissa sur la pointe des pieds.

Lorsqu'elle fut arrivée près du berceau, et qu'elle fut placée dans un endroit d'où elle pouvait tout remarquer à travers le feuillage, Dieu !

de quelle joie son cœur maternel fut saisi, lorsqu'elle vit ses deux enfans joindre leurs mains, et se mettre à genoux!

Théophile disait cette prière : Hélène la répétait après lui.

« Seigneur, mon Dieu, je te prie que nos parents ne meurent pas avant nous. Nous les aimons tant, et nous aurons tant de plaisir de faire leur bonheur, lorsque nous serons devenus grands!

« Rends-nous bons, justes et sages, pour que notre papa et notre maman puissent tous les jours se réjouir de nous avoir donné la vie.

« Entends-tu, mon Dieu ? Nous voulons aussi faire tout ce qui est dans tes commandements. »

Après cette prière, ils se levèrent tous deux, s'embrassèrent tendrement, et retournèrent à la maison, en se tenant par la main.

Des larmes de joie coulaient le long des joues de leur mère. Elle courut à son époux, le pressa sur son sein, lui redit ce qu'elle avait entendu ; et ils furent l'un et l'autre aussi heureux que s'ils avaient été transportés tout d'un coup avec leur famille dans les délices du paradis.

(*Par* BERQUIN.)

FIN.

www.ingramcontent.com/pod-product-compliance
Lightning Source LLC
LaVergne TN
LVHW021720080426
835510LV00010B/1067